RÉFLEXIONS

sur le

Rapprochement Franco-Arabe

EN ALGÉRIE

par

L'ÉMIR KHALED

PETIT-FILS D'ABDELKADER

Décembre 1913.

écrit par

Victor Barrucand

ALGER

IMPRIMERIE GOJOSSO

— 1913 —

RÉFLEXIONS

sur le

Rapprochement Franco-Arabe

EN ALGÉRIE

par

L'ÉMIR KHALED

Petit-fils d'Abdelkader

Décembre 1913.

ALGER

—

IMPRIMERIE GOJOSSO, 5, RUE BRUCE

—

1913

RÉFLEXIONS

SUR LE RAPPROCHEMENT FRANCO-ARABE

EN ALGÉRIE

Messieurs,

C'est le petit-fils d'Abd-el-Kader, l'émir des Arabes, et c'est un soldat français qui se présente devant vous. Nos pères ont lutté, ennemis, puis amis ; sur les champs de la guerre, ils ont appris à se connaître et à s'estimer ; aujourd'hui, nous luttons sous le même drapeau étroitement associés dans les entreprises de civilisation où son destin conduit la France.

Il y a plus de dix ans déjà qu'un de vos présidents, M. Loubet, au cours du voyage qu'il fit en Algérie attesta hautement notre fraternité d'armes et de travail ; il y a plus de quarante ans que nos turcos chargeaient à Wissembourg ; il y a plus de cinquante ans que mon illustre aïeul se portait à la défense des chrétiens menacés en Syrie, leur ouvrait sa maison et leur faisait un rempart de son corps.

Un tel rapprochement dépasse la cordialité des paroles ; il entre dans l'histoire autant que les traités d'alliance, en modifiant les conditions d'existence des peuples unis.

Le pacte organique qui mêla les forces françaises et les forces indigènes de l'Algérie, doit avoir pour conséquence d'augmenter le prestige de la Mère-Patrie, la richesse de ses fils et la sécurité de ses protégés. Il peut aussi très raisonnablement conférer des droits à ceux qui ont accepté tous les devoirs, y compris l'impôt du sang et la garde du foyer.

C'est parce que vous ne nous avez pas tenus dans un isolement systématique, c'est parce que vous avez répandu chez nous l'instruction de vos écoles, c'est parce que vos principes d'organisation sont humains et inspirés de la justice autant que de la force que nous pouvons les invoquer. Il se peut qu'une logique trop rapide et trop directe nous abuse, qu'elle nous conduise au but sans relever toutes les étapes, cependant nous nous croyons fondés à réclamer respectueusement le bénéfice des idées que vous nous avez appris à aimer. Ces idées ne nous étaient d'ailleurs pas étrangères ; leur éclat avait pu être voilé chez nous par les brumes de l'ignorance ; mais elles devaient trouver dans les cœurs musulmans un terrain préparé. On vous l'a dit, et j'insiste à le redire : Vos indications politiques sur la liberté, l'égalité et la fraternité n'étaient point de nature à surprendre les Arabes. On peut même croire que les nomades avaient exagéré, jusqu'à les mettre en pratique, les idées qui ont séduit vos sociologues les plus avancés.

Le savant Dozy donne, dans son « **Histoire des Musulmans d'Espagne** », une explication du caractère des Bédouins. « Guidés, - dit-il, - non par des principes philosophiques, mais pour ainsi dire par l'instinct, ils ont réalisé de prime abord la noble devise de la Révolution française : « Liberté, Egalité, Fraternité » — Cette explication vaut ce qu'elle vaut, je vous la donne pour vous dispenser de plus longues considérations sur la doctrine égalitaire de l'Islam. Et je pourrais avec Dozy, citer vos meilleurs auteurs : Lamartine, Renan, Flaubert, sans parler des voyageurs contemporains.

Cependant, en dehors de toute philosophie, vous nous avez apporté un dogme nouveau : celui du progrès par le travail.

Les arts et les sciences autrefois enseignés dans les grandes universités par les savants arabes du moyen-âge nous revenaient sous une autre forme.

Votre activité bouscula notre orientalisme. Cependant nos vaillantes populations ont su s'adapter très rapidement aux conditions nouvelles d'existence qui leur étaient faites, et le nombre de nos enfants n'a pas diminué.

Le nombre des indigènes musulmans atteint aujourd'hui cinq millions pour la seule Algérie, sans parler du Maroc, surpeuplé de Berbères et de la Tunisie.

Que nous soyons les uns et les autres des hommes capables de penser, de travailler et de combattre, cela n'est point douteux. A la conquête devait donc succéder l'association, et c'est pour hâter dans la mesure de mes moyens cette évolution naturelle, c'est pour vous apprendre à mieux connaître ces Arabes dont on vous a dit si souvent qu'ils n'étaient que des barbares, des hommes de poudre et de rapine, que je suis venu vers vous. Mon sang ne m'oblige pas au silence, et ma qualité de sujet loyal, m'ayant permis, après avoir passé par Saint-Cyr de servir dans les rangs de l'armée française, et au premier rang, doit me permettre aussi de ne point prendre une attitude trop humiliée pour discuter devant vous des idées qui intéressent grandement l'avenir de l'Algérie et l'avenir de la France.

Cette Algérie fut la terre de mes ancêtres. Elle voit nos deux races aujourd'hui rapprochées.

Mais sous quel régime ? — Vos journaux vous l'ont dit, et des vérités nécessaires seront bientôt portées au Parlement par ceux qui pensent comme nous que, entre la Justice et le Progrès, il n'y a pas plus d'écart et de contradiction qu'entre les Arabes et les Français.

Une politique qui ne fut pas toujours la même devait déterminer, d'année en année, la confusion multiple des ordonnances, des lois, des arrêtés et des décrets qui composent aujourd'hui la législation algérienne. Vos docteurs ont pu critiquer cette législation et prouver son incohérence. Quant à nous, sans discuter rien, nous nous sommes soumis à tous les devoirs, à toutes les obligations qu'il a plu à la France de nous imposer.

Nous n'avons pas toujours bien compris ce qu'on voulait de nous. Cela tenait sans doute à l'ignorance de nos paysans, à l'entêtement de nos montagnards attachés à des horizons bornés, à l'éloignement de nos mœurs pastorales, au cours des saisons, au caractère immuable des pays désertiques.

Nous n'avions pas passé par les mêmes étapes quand nous nous sommes rencontrés sur la route. Pendant que le labeur des générations et les progrès de l'industrie transformaient la France en vastes jardins et en manufactures immenses, quand l'esprit de travail et de société luttait contre les rigueurs de vos climats et créait pour vous une vie artificielle aussi brillante que le vieux soleil, nos conditions d'existence restaient les mêmes, l'allure de nos troupeaux et de nos caravanes réglait aussi notre marche. Pour savoir jusqu'à quel point vous pourrez nous entraîner sur la route du progrès, il faudrait savoir jusqu'à quel point vous pourrez transformer le caractère du pays.

Des prodiges, et je dirais même des miracles — si ce mot n'était suspect aux hommes de science et de progrès — ont déjà été accomplis. Dans quelques semaines le chemin de fer atteindra Touggourth, et il est bien évident, sans autre discussion, que, de ce seul fait, le commerce des oasis sera modifié et que le trafic des caravanes prendra une autre allure.

Si l'on compare de la même façon, la fertile Mitidja, à ce qu'était l'ancien pays de brousse et de marais, si l'on suppute le chiffre des affaires, la sortie des vins et des céréales, l'entrée des produits de l'industrie, si l'on oppose les uns aux autres les budgets d'autrefois et ceux d'aujourd'hui, si l'on compare enfin tous les chiffres des statistiques, y compris les mouvements de peuplement progressif, on ne pourra que s'émerveiller des résultats obtenus en un laps de temps relativement très court, puisqu'il se trouve borné par les jours du fils et de son aïeul. Je ne conteste point cette réalité.

Mais qu'il me soit permis de vous faire remarquer que si vous nous avez apporté des charrues et des outils perfectionnés, ce sont presque toujours nos ouvriers et nos fellahs qui en tiennent le manche.

Notre main-d'œuvre indigène n'a pas moins contribué au miracle que l'esprit commercial de la colonisation.

J'entends souvent dire : « Les colons distribuent chaque année tant « de millions de salaires autour d'eux et donnent ainsi des moyens « de vivre aux indigènes ».

Mais nous pensons aussitôt que le chiffre des salaires ne peut pas être servi à part.

Considérez plutôt la situation d'un viticulteur européen, réalisant un million de bénéfices annuels sur ses vignes cultivées à raison de 1 fr. 50 ou 2 fr. la journée.

Le salaire qu'il donne n'est qu'un prêté pour un rendu à gros intérêts. Parlons alors de prospérité, mais non point de reconnaissance, car nous serions en droit de nous demander par qui la dette peut être réclamée.

Je n'entrerai pas plus avant dans l'examen de cette question, car elle se pose aussi en France dans les rapports du capital et du travail.

Cependant, elle ne se pose pas de la même façon. Ici, vous vous arrangez entre vous avec des droits égaux, sinon avec une égalité de moyens. En Algérie tout est spécial et tout est privilège : la justice et l'impôt, et c'est à peine si l'examen impartial de la situation qui nous est faite peut être permis, tant il a l'air d'une protestation.

Permettez cependant que je continue mon exposé sans lui donner un autre caractère que celui de la vérité et de la résignation. Les indigènes musulmans savent accepter la fatalité des choses, et peut-être n'aiment-ils tant la justice que parce qu'ils ne l'ont jamais connue.

Cependant, il semble bien que le moment soit venu d'envisager la question indigène en Algérie, sans colère et sans peur, dans l'intérêt du pays autant que dans celui des particuliers.

Un ancien gouverneur ne craignit pas d'affirmer certain jour que l'Algérie n'était pas seulement une cave et un grenier. C'était dire qu'un grand pays comme le nôtre, qu'un grand empire comme votre domaine de l'Afrique du Nord, ne peut pas être organisé seulement à la façon d'une ferme où tout se règle par la paye du samedi et l'inventaire de la récolte.

Il nous semble qu'il avait raison.

A un autre point de vue, dans un pays qui se croit démocratique autant que l'Algérie, on ne peut pas affirmer sérieusement que la politique qui tendrait à faire de tous les indigènes les employés et les domestiques des Européens soit de toutes les théories la plus républicaine.

Les colons peuvent bien s'élever contre la doctrine de l'association — En réalité, ils la pratiquent, mais un peu trop exclusivement à leur profit. — La part des plus nombreux est aussi la plus faible. La charge des plus pauvres est aussi la plus forte.

Consultez la balance des recettes et des dépenses de l'Algérie, vous verrez que les indigènes sont surtaxés et que la répartition du budget ne tient presque aucun compte de leurs besoins spéciaux. Trop souvent nos douars sont sans routes et nos enfants sans écoles. Grâce à nos sacrifices et à ceux de la Métropole, on a pu créer une Algérie française très prospère où la culture de la vigne s'étend à perte de vue, et où les automobiles circulant sur de belles et bonnes routes, entre les villages européens, sont porportionnellement plus nombreuses que dans toute autre province française. C'est là un beau résultat dont nous avons aussi le droit de nous réjouir, mais vous comprendrez facilement qu'il ne peut pas suffire à toutes nos aspirations.

D'autres intérêts sont en jeu que ceux portés par **doit** et **avoir** au grand livre de l'exploitation du sol.

C'est à peine s'il est besoin de les énumérer devant vous et de les expliquer pour les imposer à votre attention.

Vous sentez bien tous, — encore que vous n'ayez pas tous acheté ou reçu des terres en Algérie — que vous êtes personnellement intéressés à ce que la France soit confirmée dans sa force mondiale par sa colonie au lieu d'être affaiblie par elle au jour du danger.

Nous avons marché et nous marcherons avec la France parce que nous avons confiance dans son esprit de justice et de réparation. Mais qu'il nous soit permis de lui demander aussi de nous faire confiance et de devancer l'heure des bienfaits qu'elle nous réserve, car c'est être deux fois juste que d'être juste en temps utile.

Ne voyez dans mes paroles aucun avertissement fâcheux. Je pense que nous sommes, que nous devons être tout-à-fait d'accord, et qu'entre frères d'armes et de travail, comme vous nous l'avez si bien dit, on peut aussi s'expliquer.

Les réformes étudiées par vos hommes de gouvernement et espérées sans découragement par les algériens musulmans viendraient maintenant à leur heure, parce que la France pacifique et forte, sûre d'elle-même, de ses alliances et de ses amitiés ne semble ni menaçante, ni menacée. Une période plus tranquille succède à des jours troublés. Cette accalmie permet aux grandes puissances de se replier sur elles-mêmes pour augmenter leur force de cohésion. La France a le temps de penser à nous.

En ce moment la justice et la bonté pourraient beaucoup. L'effet sensible des améliorations serait plus considérable aujourd'hui, que demain, car les libéralités seraient d'apparence plus désintéressée que dans des circonstances plus critiques.

Quand on a eu besoin des Arabes au Maroc, nous avons répondu : « **Présents** ! » J'étais avec mes coreligionnaires et j'ai bien le droit de vous dire que nous avons fait notre devoir sans marchander. Que la France ait demain besoin de nous sur ses frontières, et nous serons encore là, au premier rang.

Mais doit-elle attendre l'heure du danger pour nous accorder sa bienveillante attention et des réformes ?

Elle ne le peut pas sans perdre en grande partie le bénéfice de son esprit et de son mouvement généreux.

Je sais bien qu'il y a une école en Algérie qui dit : « Les Arabes ne « se révoltent pas, c'est donc qu'ils sont contents et qu'ils n'ont rien « à demander ». — Mais cette école-là n'est pas celle de la haute sagesse ou du simple bon sens métropolitain.

Ici, on n'a point de bénéfices personnels ou de privilèges à défendre, on peut donc prévoir clairement les choses et accepter l'opportunité des réformes qui unifieraient l'Algérie, qui rapprocheraient les indigènes de la Métropole, qui leur assureraient de nouvelles garanties contre la dépossession ou contre l'arbitraire.

Je ne suis pas un homme politique et encore moins un homme de chiffres. Je n'apporte pas ici un plan d'administration, mais un sentiment raisonné : je plaide seulement l'urgence des réformes, ou si vous aimez mieux leur opportunité, et je crois, en faisant cela, servir respectueusement les intérêts français.

Veuillez nous excuser si nous nous sommes trompés, si nous avons trop espéré, mais jamais nous n'avons cessé de considérer que la France, riche par son commerce et son industrie, était encore un grand pays d'exportation d'idées qui ne pouvait pas limiter son libéralisme à son territoire européen.

Si vous n'étiez pas venus chez nous, ces idées de justice, de progrès, d'ordre et d'équilibre entre les droits et les devoirs, n'auraient peut-être pas germé si vite en terre africaine, car nous supportons les conséquences d'un lourd passé stérile. Nombreux sont ceux d'entre nous à qui vous avez ouvert les yeux sur leur situation.

Maintenant, si vous examinez le régime algérien et le cercle où peuvent s'inscrire nos activités, vous verrez que nous connaissons tous les inconvénients d'un protectionnisme moral qui n'est ni le protectorat politique, ni l'assimilation des institutions coloniales à celles de la Métropole.

Nous sommes protégés contre la libre expansion des idées françaises qui ont réglé votre théorie de l'impôt et celle de la justice.

Nous sommes également protégés contre l'extension des idées républicaines dès qu'elles appellent la représentation équitable de tous les intérêts.

Etroitement tenus en tutelle nous ne sommes même pas admis à demander au Parlement la révision de nos comptes de tutelle.

Comme cet état de choses ne peut pas se prolonger indéfiniment sans de grands inconvénients, nous faisons appel à la générosité de la France pour obtenir sa justice.

La représentation nationale — où, sujets français, nous ne sommes pas admis — aura à se demander s'il est bon, s'il est désirable que les indigènes soient soumis en Algérie à tous les impôts européens, et au surplus à de lourds impôts spéciaux ; s'il est admissible que la terre du plus riche européen soit exempte de toute taxe, quand le champ, la charrue, le troupeau, la personne même du plus pauvre indigène sont retenus comme matières imposables. On examinera aussi notre condition devant les tribunaux et devant l'administration pour écarter l'arbitraire sans nuire au bon ordre.

On ne m'a pas caché, Messieurs, en Algérie, que je courais le risque d'être interné dans quelque ville du Sud, rien que pour avoir l'audace d'apporter devant vous des paroles de sympathie, de justice prudente et d'union plus parfaite. Si ce risque était réel, je l'affronterais comme j'en ai affronté d'autres en croyant servir les vrais intérêts français. Mais, je dois vous l'avouer, je ne me crois pas aujourd'hui particulièrement courageux, et si mon audace reste grande, et mon espérance ambitieuse, c'est seulement d'avoir pu croire que je pouvais intéresser l'assistance qui m'écoute, en me servant de la parole, après n'avoir appris à votre école que le métier du soldat.

Cette ambition de vous plaire ou de vous instruire pour vous intéresser à la cause de mes coreligionnaires, vous voudrez bien l'excuser en considération des motifs qui l'ont inspirée :

Dans un temps où nous n'avons point de part aux conseils de votre politique, nous ne pouvons nous adresser qu'à votre sentiment.

Mais dès que vous supportez que nous prenions la parole, la raison reprend tous ses droits, car la parole, ni la logique, ne peuvent jamais être esclaves ou sujettes.

Ce que nous demandons à la France, est de son intérêt comme du nôtre.

Elle examinera, elle pèsera nos motifs, notre attitude, notre conduite constante. Elle ne se laissera pas égarer par les affirmations perfides de ceux qui ont fait fortune grâce aux indigènes et qui prétendent que les indigènes leur doivent tout, y compris leurs salaires et le peu de libertés et de garanties dont ils disposent.

Il est évident que les vainqueurs peuvent exterminer les vaincus, et que la France n'a pas exterminé les Arabes. De ce point de vue — qui n'est ni le vôtre, ni le nôtre — on pourrait considérer que nous sommes à jamais les obligés de la généreuse nation qui nous a laissé le droit de vivre.

Mais nous entendons bien que ce serait faire injure au grand pays que nous aimons et que nous admirons, de lui prêter des sentiments si bornés.

Tous vos généraux, tous vos hommes d'Etat l'ont dit : « **Nous avons « besoin du peuple que nous avons conquis et c'est à réaliser** en Algé- « rie une heureuse combinaison des divers éléments de population que « doivent tendre tous nos efforts ».

Quel sera donc le secret de ce dosage humain, sinon, pour commencer la justice fiscale et judiciaire, la péréquation des impôts et la suppression des tribunaux d'exception ?

Au surplus, votre expérience et les luttes intérieures que vous avez menées pour la conquête de vos précieuses libertés civiques, vous permettent bien de voir, que, si dans une constitution républicaine, une partie de la Nation reste sans voix et sans droits de représentation, elle peut être opprimée plus gravement encore que si toutes les parties obéissaient à un chef unique.

C'est ainsi que peu à peu vous serez amenés, par la définition même de votre politique collective à reconnaître des droits effectifs de représentation à la majorité des Algériens qui, encore aujourd'hui, sont écartés bien plus qu'il ne convient des conseils de la colonie et du cœur de la France.

Que l'on commence par étendre nos droits municipaux, que les conseillers indigènes puissent prendre part à l'élection des maires, et, sans imprudence, on aura fait un grand pas dans la voie de la justice.

Je ne veux pas, Messieurs, vous ennuyer par de longs exposés de la situation des indigènes musulmans en Algérie, car, j'aurais l'air d'apporter ici un cahier de plaintes et de réclamations. Le droit d'initiative en pareille matière n'appartient pas aux sujets ; il appartient à la nation souveraine et à ses représentants.

Mais, en dehors de ces initiatives parlementaires, des mouvements de curiosité ou de sympathie peuvent s'affirmer, qui apprennent aux sujets et aux citoyens à revenir sur certains préjugés, et à diminuer la distance qui les sépare, quand l'intérêt du rapprochement devient évident. C'est dans cet esprit que je me suis présenté devant vous, c'est dans cet esprit que je retournerai en Algérie, sans ambition d'aucune sorte, heureux seulement de continuer une tradition de loyalisme et d'attachement dont mon père et mon grand-père m'ont donné l'exemple.

Si mes paroles sont celles de la raison, examinez-les en dehors de ma personne ; si elles ne sont que celles de ma personne, repoussez-les au nom de la raison.

Le temps, qui est le contrôleur général des discussions politiques, fera naître certainement des circonstances où mon appel à l'union des forces arabes et françaises sous le régime de la confiance et de la justice, aura plus d'éloquence qu'aujourd'hui.

Ces jours, nous les pressentons glorieux pour vous et nous les appelons. Nous ne les redoutons pas. Vienne le moment dse sacrifices, et ceux qui ont donné donneront encore, et ceux qui ont marché marcheront encore.

Aujourd'hui, nous n'avons pu que causer ensemble, n'attendez pas que nous combattions encore ensemble contre l'ennemi commun pour croire au sérieux de nos paroles et de notre caractère.

Souvent, j'ai entendu dire en Algérie, que les Arabes n'étaient que de grands enfants. Mais cette parole devenait un éloge pour mes coreligionnaires quand je pensais avec quel courage et quelle insouciance, je les vis toujours se porter au danger.

Avons-nous donc réfléchi que nous pouvions lutter contre des Musulmans, quand la France nous appelait au Maroc, et verra-t-on une preuve de notre jeunesse d'esprit dans ce qui n'était que la preuve de notre loyalisme et de notre goût des aventures.

Presque toutes les actions humaines ont ainsi deux sens, mais celui qui choisit le meilleur ne risque pas de se tromper, car le monde ne périra pas d'un excès de générosité.

Des enfants ! a-t-on dit, mais non pour le courage !

Et dès lors, il me semble que notre inexpérience des calculs compliqués de la vie moderne n'a pu nuire qu'à nous-mêmes.

C'est à la grande nation, tutrice de nos actes, de nous donner maintenant l'expérience qui nous manque. Mais ce n'est que par l'exercice des franchises que nous pourrons faire l'apprentissage de la liberté.

Je ne suis pas grand clerc dans l'histoire générale de l'Europe, mais je ne crois pas qu'on puisse me contredire, si j'avance que les franchises municipales furent la grande école des libertés politiques qui ont donné aux citoyens la gravité et l'esprit de suite, et qui leur ont appris la responsabilité en même temps que la liberté.

Et c'est ainsi que, peu à peu, on a pu abandonner les Etats au gouvernement du peuple.

Quand vous nous aurez donné des droits nouveaux, nous apprendrons comme vous à en user, mais, si vous négligez de le faire, nous ne pourrions qu'espérer ces conquêtes libérales. Nous les verrions dans un mirage ; nous leur prêterions des vertus magiques qui ne sauraient être que les nôtres, nous nous croirions toujours sacrifiés, parce qu'il ne nous serait pas permis de faire nos preuves.

L'incapacité politique des indigènes présente encore un gros inconvénient, au point de vue du gouvernement général de la colonie.

N'attendez pas que les privilègiés renoncent à leurs privilèges. - N'attendez pas que la force électorale des électeurs privilégiés renonce à être la force abusive, tant que vous ne l'aurez pas équilibrée par une autre force. Pour bien gouverner la colonie, la haute administration devrait pouvoir appuyer tous les vœux dont la justesse et l'opportunité lui seraient démontrées.

Actuellement, elle ne le peut pas toujours : notre faiblesse ne fait pas la force du pouvoir arbitral.

Voilà, Messieurs, le fond des choses algériennes et la cause du malaise profond dont nous souffrons.

Joignez à cela le trouble singulier qu'une civilisation nouvelle et puissante comme la vôtre devait apporter à un faisceau d'antiques formules et de profondes croyances !

Nombreux sont chez nous ceux qui se portent du côté du progrès européen, et qui s'y rallient comme à une religion nouvelle dont ils attendent le paradis sur la terre ; — mais plus nombreux encore ceux qui n'ont pas voulu sortir du cercle de leurs traditions et de leurs familles.

L'individu que votre enseignement tendrait à développer en nous, **où le place-t-on, quel avenir lui réserve-t-on ?**

Vous entendez bien que si l'instruction et l'éducation européennes ne doivent servir à rien, ne doivent mener à rien dans la vie quotidienne, l'école sans but ne sera qu'un moyen de détruire l'âme indigène et de ruiner la résignation sereine de ceux qui plaçaient le terme de leur existence au-delà de la vie.

Nous ne critiquons pas l'instruction française : Nous la considérons comme une grande avenue aux perspectives infinies, mais nous voudrions qu'au bord de cette route magnifique, on ménageât des repos et des haltes pour ceux qui ne peuvent considérer les choses qu'au point de vue des facilités et des réalités.

Parlons donc en quelques mots, il le faut, de l'obtention des places et des choix administratifs.

Si la règle de conduite adoptée par l'administration algérienne avait été de gouverner avec les grandes familles arabes pour constituer une sorte de makhzen au gouvernement français, nous comprendrions à la rigueur qu'on ne détruisît pas ce système. Mais on n'a pas toujours tenu compte de la situation des familles, et bien souvent on leur a substitué des créatures complaisantes, ne disposant d'aucune force et d'aucun prestige près des administrés dont on les dotait.

Comme je ne veux faire le procès de personne, je n'examinerai pas si cette destruction systématique de la féodalité arabe fut un bien ou un mal. Nous nous trouvons en face d'un fait accompli. A cette noblesse religieuse ou guerrière, on ne peut plus substituer aujourd'hui que celle du mérite personnel.

Contrairement à ce qui a été dit souvent, les hommes instruits et respectés ne croient pas chez nous que les places **leur soient dues ;** mais ils s'étonnent que l'administration algérienne puisse songer à les en écarter, — parce qu'ils sont instruits et respectés. — Et je ne parle pas pour moi, car je n'ambitionnais que de servir à mon rang, mais j'ai dû à la longue renoncer à faire du zèle, et à proposer des services actifs, quand on semblait vouloir me retenir dans l'inactivité des garnisons.

Au milieu de ma carrière, je me suis donc arrêté, j'ai demandé un congé puisqu'on n'avait pas besoin de moi, malgré mes offres de services ; j'ai repris ma liberté temporaire pour pouvoir réfléchir et me rendre compte du mouvement qui nous emporte tous vers des destinées dont nous cherchons le secret.

Dans un recueil de pensées et d'observations composé par mon illustre aïeul et traduit, publié en français sous ce titre « **Le livre d'Abd-« El-Kader. Rappel à l'Intelligent. Avis à l'Indifférent** » ; j'ai trouvé ces quelques lignes sur l'évolution des Arabes : (page 178 du livre d'Abd-El-Kader).

« **Les Arabes furent doués pour composer dans les diverses sciences** « **d'une aptitude que personne n'avait eue avant eux.... leur empire** « **s'étendit plus loin qu'aucune nation n'avait fait avant eux depuis** « **Adam jusqu'à présent.**

« **Puis la décadence arriva et Dieu les fit changer, comme ils** « **avaient changé la situation des autres nations. Toute chose qui ar-** « **rive à son apogée est à sa fin.**

« **Lorsqu'une chose est terminée, son déclin commence. Prends** « **garde à la décadence, lorsqu'on dit « C'est fini ! »** Entendez ici fini dans le sens de parfait.

Quand nous pouvions croire notre histoire terminée, elle recommençait avec vous, comme la vôtre, au temps de vos ancêtres gaulois, recommença avec Rome.

Nous acceptons les arrêts du sort, et nous pensons que l'intelligence et la force des races ne seront jamais tenues pour des quantités négligeables, tant que le monde aura besoin d'intelligence et de force.

Dans votre vaste entreprise d'empire africain, quels meilleurs auxiliaires pourriez-vous avoir que les indigènes, adaptés à leur milieu, à leur climat depuis des siècles, et possédant les plus grandes qualités d'endurance et de courage, — comme vous avez su le reconnaître depuis longtemps ?

Nous sommes donc, non seulement vos sujets, mais encore vos associés.

Nous n'avons pas renoncé pour cela à être nous-mêmes, à pratiquer la religion de nos pères, à respecter leurs traditions et leur mémoire, mais, parce que nous avons conservé notre caractère formé par l'histoire et par le pays, nous n'en sommes pas moins, nous autres, Algériens d'origine, des associés à la grandeur et à la prospérité de l'Algérie.

Vous nous avez donné une charte spéciale, un code spécial, celui de l'Indigénat, en même temps que vous reconnaissiez notre statut personnel islamique.

Notre statut personnel est la conséquence de nos mœurs et de nos croyances. Ces mœurs sont assez justes, ces croyances assez hautes pour ne pas être modifiées.

Se modifieraient-elles, au surplus, par l'interprétation que les hommes peuvent toujours faire des signes spirituels, que cette évolution, procédant de l'âme elle-même, ne saurait être commandée par la force.

Sur ce point, nous connaissons l'esprit libéral de la France, et nous savons que les temps où on aurait pu tenter en d'autres pays, comme l'Espagne, par exemple, de nous convertir de force à une autre religion, sont passés.

L'expérience a d'ailleurs appris à l'Espagne par la décadence subite de ses grandes cités andalouses, que la politique de conversion ou d'exil avait toujours été néfaste aux Etats.

A l'égard de l'Islam, nous ne redoutons plus, ni les Inquisitions, ni les Edits de proscription, car nous saurions encore émigrer, au besoin, et porter nos activités et nos forces sur d'autres points du globe.

Reste le Code de l'Indigénat.

Il ne fut jamais promulgué qu'au titre d'essai, de transition, et pour une durée de temps limitée. Prochainement, il viendra en révision devant l'Assemblée Législative. Nous voulons espérer, qu'à ce moment, vos législateurs tiendront à considérer les preuves incessantes du loyalisme indigène, l'établissement profond de la paix dans nos provinces, le besoin tous les jours plus vif et plus affirmé de justice, en même temps que les nécessités du libéralisme commercial, pour nous acheminer vers le droit commun, sans arbitraire, vers la loi normale susceptible toujours de contrôle et d'appel, échappant, en un mot, à toutes les critiques, formulées contre un état de choses que les seules exigences de la conquête pouvaient justifier.

Telles sont, Messieurs, les réflexions qu'un examen attentif de notre condition et des rapports qui nous unissent a pu me suggérer.

Dans le détail, et chapitre par chapitre, j'aurais pu vous faire toucher du doigt tout ce qui pourrait se faire si facilement en vue du rapprochement franco-arabe.

Mais dès que l'attention de vos législateurs se portera vers nous, leur sens de la justice est assez vif, assez éveillé, assez perspicace pour n'être point facilement abusé.

Croyez bien que nous sommes des hommes de bonne volonté. Reconnaissez que nous avons travaillé, que nous avons lutté ensemble.

Les circonstances ont fait que vous avez été amenés à vouloir un empire africain essentiellement musulman quand vous avez promis de respecter notre religion et nos mœurs. Et c'est ainsi que nous avons lié partie, bien plus par votre volonté que par celle de nos pères.

Considérez que nous devons maintenant continuer notre route ensemble.

Alors, le souci de votre intérêt, de votre administration, autant que le désir de faciliter notre évolution et de nous rendre la vie commune agréable, saura vous inspirer toutes les mesures d'équité, d'ordre et de bienveillance que comporte la loyale association des activités franco-arabes.

Rien ne s'oppose à cette association des intérêts, dès qu'elle reconnait la valeur des individualités en cause et qu'elle ne sacrifie personne.

On a pu vous dire que nous étions des fanatiques. Il n'en est rien.

Nous sommes les fils d'une race qui a eu son passé, sa grandeur, et qui n'est pas une race inférieure.

Elle prouverait cependant une grande incapacité de jugement en refusant de s'engager dans les voies d'avenir que vous lui ouvrez. Mais elle ne refuse pas de le faire. Ni fanatiques, ni réfractaires ! — telle est notre expression.

Consultez, à titre de preuve les études et les rapports qui ont été

publiés sur l'Algérie : Vous y lirez, dans l'éloquence des chiffres, que toutes les œuvres d'instruction, de culture perfectionnée, de mutualité, de progrès tentées par l'initiative française dans les milieux indigènes ont toujours répondu aux espérances de leurs promoteurs.

On a même dû reconnaître que les Musulmans algériens ne se plaignaient que du trop peu d'instruction. .

Comment pourrait-on, après cela parler de fanatisme ? Comment pourrait-on inventer, contre les Musulmans, on ne sait quel panislamisme agressif, en calomniant le calme et le sérieux de la multitude, par quelques phrases sans conséquence, échappées à tel ou tel folliculaire.

Si nous devions relever de notre côté toutes les intempérances de langage, et toutes les mesures de méfiance dont on nous accable, nous n'arriverions qu'à prêter aux Européens des sentiments qui ne sont pas ceux de leurs meilleurs représentants.

Volontiers, nous nous rallions, au contraire avec ceux qui disent, comme Lamartine : « **Il y a quelque chose de supérieur aux antipa-** « **thies des races, des souvenirs, des religions : c'est la sympathie** « **de la civilisation, qui tend à réaliser de plus en plus la grande unité** « **de la race humaine, sous le symbole de la lumière et de la liberté** ».

Dans notre Korân, il est dit aussi : « **Les hommes formaient autre-** « **fois une seule nation** ». (Sourate II ; verset 209).

Où donc est la contradiction entre votre pensée la plus avancée, et notre foi la plus ancienne ?

En dehors de tous les textes, et des interprétations qu'on pourrait en faire, il reste d'ailleurs à examiner la réalité des choses, et vous me permettrez sans doute d'affirmer, que, dans l'Algérie, que nous connaissons, on ne peut plus dire : « Ceci est l'œuvre des Européens, « et ceci l'œuvre des Indigènes ». Car les uns et les autres sont les artisans d'une seule œuvre de paix.

Il ne me reste plus, Msesieurs, qu'à vous remercier de l'attention que vous avez bien voulu m'accorder, à vous dire que j'en suis très fier, très heureux, que j'en rapporterai l'écho à tous nos amis d'Algérie et que la preuve de sympathie que vous avez bien voulu donner aux indigènes musulmans en m'écoutant, en me comprenant avec tant de bienveillance, leur sera un nouveau sujet de croire à la bienfaisance de la grande nation, gardienne et tutrice de leur destinée.

Instruisez-nous, assistez-nous comme vous pouvez le faire en temps de paix ; associez-nous à votre prospérité et à votre justice. Nous serons avec vous aux heures du danger.

ALGER. — Imprimerie GOJOSSO, 5, rue Bruce